I MILLE VOLTI DI UN'ANIMA

Letizia Rivolta

Simona Fornaroli

Copyright © 2023

Tutti i diritti riservati. Nessuna parte di questo libro può essere riprodotta o trasmessa in qualsiasi forma o con qualsiasi mezzo elettronico, meccanico o altro senza l'autorizzazione scritta dei proprietari dei diritti.

Casa editrice: Independently published

Titolo: I mille volti di un'anima
Autrice: Letizia Rivolta
Illustratrice: Simona Fornaroli

Codice ISBN: 9798862434149

A David, compagno di vita e di avventure, per l'amore con cui accoglie tutti i miei "mille volti" e a nonna Anna per avermi insegnato ad avere fede. – *Letizia*

A Marco per l'amore e la cura che mi dona da molto tempo e alle mie sorelle, Monica e Federica, due stelle che brillano nel cielo della mia vita. – *Simona*

INDICE

Prefazione di Tina Festa — 7

Introduzione di Letizia Rivolta — 10

Introduzione di Simona Fornaroli — 13

Brevi accenni sul Metodo Caviardage® — 15

Com'è nato il progetto "I mille volti di un'anima" — 17

Poesie — 21

Ringraziamenti — 123

Biografie — 124

PREFAZIONE di Tina Festa

Quando sono stata invitata a scrivere la prefazione per questo libro, mi è stata data in qualche modo l'opportunità di parlare non solo del Metodo Caviardage®, ma anche di raccontarmi e di raccontare il rapporto che ho con lo stesso.
Vivo da sempre il caviardage come un dono che la vita mi ha destinato, in cui mi riconosco come in un riflesso che rimanda a un'immagine di ciò che sento, vivo e sono.
Questo perché nei caviardage che creo risiede il sentire del mio attimo presente, unico e irripetibile, ma anche la postura che ho scelto di avere nel mondo. Coloro i quali seguono il processo del metodo, sanno cosa intendo dire.
Sin dall'inizio il caviardage è stato per me il risultato di un'urgenza che scaturiva dalla necessità di tirar fuori ciò che si agitava dentro alla mia anima e che ancora non aveva avuto parola e voce. Anche oggi, dopo tanti anni, quando creo le mie poesie visive prende vita il desiderio della cura verso me stessa e verso il mio sentire.
Da sempre trovo che le poesie nate seguendo il processo del Metodo Caviardage® possano essere paragonate a meravigliosi abiti da indossare, infatti quando leggiamo una poesia è come se provassimo ad indossarla per farla nostra.
I caviardage, come anche altre forme di poesia e di scrittura creativa, possono essere presi in prestito e indossati da chiunque ne senta il bisogno o il desiderio.

Troveremo in questo modo poesie che "ci calzano a pennello" e sembrano essere uscite dalle nostre mani, dove le parole risuonano così tanto in noi, da riuscire ad esprimere ciò che sentiamo. Queste poesie sono quelle che diventano di tutti, perché ognuno indossandole le vive come proprie, come abiti comodi e familiari.

Leggendo i caviardage raccolti nel libro "I mille volti di un'anima", creati da Letizia, ho provato a fare la medesima cosa: leggerne il testo, osservare le poesie visive create e indossarle, come se fossi in una sartoria o in un negozio nel quale vi sono meravigliosi vestiti. Con sorpresa e meraviglia, ho sentito subito familiarità con queste poesie, ne ho avvertito la "vestibilità" potente, per la loro capacità
di essere adatte sia ai diversi momenti di vita trascorsi sia
a quelli dell'attimo presente.

Per molti dei lavori presenti nel libro mi sono detta: "Ecco questa sono io!", "È proprio così che mi sono sentita...quella volta!", "Eccole le parole per dire ciò che provo ora!".

È così che opera il Metodo Caviardage®: tira fuori la voce intima di chi vi si dedica e poi questa diventa la voce di coloro che possono fruirne leggendo quanto emerge.

Questo è quanto avviene aprendo le pagine di questo libro dove lo sguardo dei volti creati da Simona sembra rispecchiarsi in chi legge: è come un guardarsi dentro e ritrovarsi, riconoscendosi.

Il mio invito a voi tutti che avete tra le mani questo meraviglioso libro è di fare altrettanto: provate ad "indossare" questi lavori poetici e visivi, magari aprendo una pagina a caso del libro e sentite come la poesia e l'illustrazione riverberano in voi.

Troverete in ogni poesia visiva un abito, un messaggio da indossare per quel giorno.

Tina Festa

INTRODUZIONE di Letizia Rivolta

"I mille volti di un'anima" è un progetto a quattro mani, ideato a partire da una riflessione tra due amiche sui cambiamenti che si attraversano durante il nostro camminare evolutivo nel mondo, sia come individui in carne ed ossa, sia come anime alla ricerca del nostro benessere.

Tutti noi attraversiamo fasi diverse, in una continua metamorfosi biologica, psicologica ed emotiva costante e continua e spesso ciò che siamo non rappresenta più chi eravamo o chi saremo in futuro.

Al di là di essere metamorfosi costanti, siamo anche tutto e il contrario dello stesso, vivendo emozioni dicotomiche a distanza di pochi istanti, come se dentro di noi vivessero diverse fasi, parti, facce o fazioni che integrandosi danno vita e voce alla nostra anima.

Intendo l'anima come un grande mosaico di tanti pezzi diversi che insieme, quando osservati ad una certa distanza, compongono un'unica e meravigliosa opera d'arte.

Quando ero bambina ho sempre trovato estremamente complicato etichettarmi o inserirmi in determinate categorie, ricordo che a scuola, quando ci si presentava all'inizio degli anni accademici, ci veniva chiesto di fare una lista descrittiva su noi stessi. Della serie, enuncia quattro caratteristiche positive del tuo carattere oppure quattro negative ecc.

Ho sempre trovato questi esercizi descrittivi estremamente

complicati e poco interessanti, inoltre mi generavano un grande conflitto interno. Come potevo essere espansiva con insegnanti e compagni, ma al tempo stesso morire di vergogna a ballare in pubblico? Come potevo ritenermi una persona intelligente in Italiano, se poi in Matematica avevo il debito perenne? Come potevo definirmi allegra e solare, se la notte prima avevo pianto ininterrottamente per aver rotto con il fidanzatino?

Era come se mi sentissi una frode, non autentica, nel riconoscermi sempre in conflitto e diversa a seconda delle situazioni e dei contesti che vivevo. Cosa avrebbero pensato di me se avessi inserito alcuni dei miei "mille volti" così diversi e disparati?

E perché per me questo era un esercizio estremamente difficile? Ancora era lontana l'epoca della comprensione del mio "Io interiore", ancora non ero pronta ad abbracciare la mia eterogeneità interna e i miei mille volti e controsensi.

Ora, a questa "altezza del campionato", ho imparato a non sapere chi sono e ad essere tutto e un po', ho compreso che avere mille volti dentro una sola anima è un'esperienza comune, accettando di essere "questo" ma anche "quello" e che va bene così.

"I mille volti dell'anima" è una raccolta di poesie visive create seguendo il processo del Metodo Caviardage® di Tina Festa, che mostra le diverse sfaccettature dell'anima umana, le diverse fasi dell'evoluzione e ci ricorda che siamo in continua metamorfosi e che il nostro sentire di conseguenza è sempre in costante cambiamento.

Le poesie e i pensieri sono stati arricchiti dalle illustrazioni dell'artista e grande amica Simona Fornaroli che, con la sua sensibilità, ha saputo dare un volto a questi pezzi di anima.

Un' Anima, Mille volti.

INTRODUZIONE di Simona Fornaroli

Questo libro è nato come le storie più belle, quelle che prendono vita da un sogno e non da un'intenzione. È stato un processo naturale, stimolante e coinvolgente.

Con la realizzazione del progetto "I mille volti di un'anima" ho avuto la possibilità di esprimere il mio sentire attraverso l'uso del colore e del disegno; i ritratti sono nati per accompagnare la lettura delle poesie per dare a questi pensieri poetici una forma visiva.

Questa raccolta di poesie visive rappresenta simbolicamente le mille sfaccettature del nostro essere, le mille possibilità che abbiamo ogni giorno, le mille scelte quotidiane, le azioni, i pensieri e gli errori.

La poesia ferma il tempo in un istante preciso e rende quel momento immortale, eterno, così i volti vogliono essere un'espressione di quell'attimo, la rappresentazione di un'emozione.

Ogni viso raffigura ed esprime una fase dell'esistenza, un sentimento, un ricordo, un desiderio ed un invito ad essere esattamente dove si è e come si è.

Apprezzare il momento presente nel qui ed ora, come ci ricorda il processo del Metodo Caviardage®, significa dare voce a ciò che siamo in quel preciso momento, come se fosse l'unico.

Spesso ci insegnano che per vivere "pienamente" è necessario seguire un'unica direzione, una linea retta che porta ad un punto di arrivo… "da grande farò, diventerò…" ed invece ho imparato che, con il passare del tempo, il percorso per alcune persone può anche essere più tortuoso, con salite, discese, curve.

Ho scoperto che non esiste un'unica direzione, ma mille strade che permettono all'anima di farsi spazio e di realizzarsi. Ho capito che la meta è solo un pretesto, il viaggio è ciò che ci permette di compiere il processo del vivere.

Sono convinta che attraverso lo scambio con gli altri si diventi una versione migliore di se stessi ed anche per questo sono grata alla vita per aver incontrato Letizia, compagna di viaggio e avventure, con cui condivido preziosi momenti di chiacchiere e gioia.

Benedetti siano gli incontri, i sorrisi, gli abbracci e le condivisioni.

La crescita avviene nell'interazione con gli altri e l'arte permette alla vita di mostrarsi nella sua essenza.

Mi piace ricordare che il processo evolutivo non è mai finito, siamo in un eterno cammino di innumerevoli possibilità.

Che gioco meraviglioso è la vita!

Brevi accenni sul Metodo Caviardage®

Il Metodo Caviardage® di Tina Festa è il metodo che abbiamo seguito per poter sviluppare e creare le nostre poesie visive.

È sostanzialmente un metodo di scrittura creativa che ci permette di esprimere il nostro sentire attraverso la creazione di poesie, non a partire da un foglio bianco, ma da uno scritto di terze persone.
Nel nostro caso sono state utilizzate diverse pagine da vari libri destinati al macero.

Il Metodo Caviardage® è stato ideato e diffuso in Italia e in Europa da Tina Festa, a partire da una sperimentazione personale, successivamente sistematizzata in un procedere ben definito che permette a chi lo pratica di entrare in contatto con le proprie emozioni vissute nel momento presente del "qui ed ora".

L'importanza dello stare nel presente ci mostra che, come esseri umani, siamo propensi a vivere ed a percepire il mondo interno ed esterno in maniera diversa anche a distanza di pochi istanti, portando la nostra attenzione al
nostro sentire, che è sempre unico ed originale e di una bellezza che ha il potenziale di essere poesia.
Nel Metodo Caviardage® la poesia risiede appunto nel sentire e, seguendone il processo, diventiamo esperti nell'ascoltarci e nel coltivare il bello che risiede in ognuno di noi.

Simona ed io siamo Formatrici certificate di Metodo Caviardage® e utilizziamo lo stesso nei rispettivi ambiti lavorativi e nella pratica personale.

Per ulteriori informazioni sul mondo del Metodo Caviardage® invitiamo a visitare il sito ufficiale www.caviardage.it

Per seguire le nostre proposte laboratoriali visita il sito www.irradiarte.it

Com'è nato il progetto "I mille volti di un'anima":

Ad agosto 2022 abbiamo deciso di iniziare questa avventura a quattro mani e due cuori, dove io selezionavo una pagina a caso da un libro da macero di cui entrambe avevamo una copia, successivamente creavo la poesia seguendo il processo del Metodo Caviardage® e poi ne inviavo una foto a Simona affinché potesse creare un'illustrazione di un volto lasciandosi ispirare dalla poesia incontrata tra le righe di una pagina del libro.

Il progetto è andato avanti fino a settembre 2023 per poco più di un anno e sono state create più di una sessantina di piccole opere visive.

Ne sono state poi selezionate cinquanta per poter seguire un poco questo procedere immaginifico di un'anima in evoluzione, seguendo le fasi e le tappe dello sviluppo del ciclo vitale, che ognuno di noi attraversa durante la sua permanenza su questo piano concreto dell'esistenza.

In alcune poesie sono stati effettuati piccoli accorgimenti grammaticali affinché il pensiero poetico rispettasse in pieno il mio sentire.

Le poesie sono datate per indicare il giorno in cui quella determinata poesia è stata scritta. Abbiamo deciso di inserire le date per sottolineare l'importanza che assume "il qui ed ora" quando si pratica il Metodo Caviardage®.

Speriamo che anche voi possiate indossare alcune di queste poesie ritrovandovi in esse, riuscendo a dare voce a qualcosa che sentite, rispetto a questa universale esperienza umana che è l'evolversi nel mondo.

Con amore
Letizia Rivolta

Poesie visive

7 agosto 2022

Raccontare la Vita
è il gioco preferito del Sole.

per nome. Joshua è un grande oratore, ama raccontare aneddoti e io lo ascolto volentieri.

Lo stomaco pieno, aiuto Joshua a scaricare la Sumo e sistemare nel piccolo magazzino i sacchi di riso e gli ortaggi, poi lo assisto passandogli gli utensili mentre ripara la vecchia motocicletta. Il sole picchia impietoso arrostendo ogni forma di vita nella sua traiettoria, eppure non rinuncerei a queste lezioni pratiche per nulla al mondo.

Una volta sbrigate le mansioni del primo pomeriggio, Joshua si ritira per una pennichella e io mi dedico alla scrittura e allo studio.

Poi, quando dal viale tra i manghi sento i bambini correre tornando da scuola, chiudo il mio taccuino e li saluto uno a uno, dandogli il cinque o battendo il pugno contro il loro. Mi raccontano la loro giornata mentre portano le capre al pascolo e così, in base alle osservazioni dei loro maestri, pianifico la mia lezione serale.

Al calar del sole, quando la brezza si fa più mite, ci raduniamo nel campo da gioco, carichi come molle per la partita che disputeremo. Gli sport preferiti dai bambini sono la pallavolo e il *kabbadi*, un gioco di contatto che sfocia spesso e volentieri in qualcosa di molto simile alla lotta greco-romana. Insomma, un vero spasso. Alla fine dell'ora dei giochi, siamo sudati e rossi di polvere fino alle orecchie – Joshua compreso, quando si unisce alla competizione.

Mi faccio una doccia veloce godendomi il getto naturalmente caldo che esce dalle tubature arroventate dal

23

27 settembre 2023

Cresciuta stropicciata,
tra storie incredibili e girotondi coraggiosi,
a disegnare e scolpire col pongo
la sua famiglia e l'amore.

Ernest un otorinolaringoiatra, il Barone un esperto d'arte, Celeste un bibliotecario, Gunter uno scultore e un pittore.

Tutti erano Supreme.

Le Supreme.

Un composito, seducente, eruditissimo e smagliante gruppo di froci, amici da trent'anni, di Angelo e Giancarlo, tutti accomunati da un girotondo a mani sigillate d'amicizia e da un amore per quella piccola a cui uno sistemava i capelli, uno la psiche, a cui uno insegnava a leggere, uno a capir la differenza tra un sacco di Burri e un pezzo di stoffa stropicciata e uno a disegnare e a scolpire col pongo e il Das, prendendo ad esempio Pomodoro.

Avevano storie incredibili, passati beffardi e coraggiosi. Erano una famiglia. Di più, erano amici. Erano Supreme.

Chiara era cresciuta con loro. E non solo di domenica.

Diogene, pur psichiatra, non poteva avere come paziente la piccola, lei era la sua Chiara. La portò quindi da un collega: il dottor Davide Le Rice.

Chiara ancora si ricordava le pareti rosa e il garbo d'avorio dei denti del dottor Davide.

Ci andò per un anno buono.

Le faceva disegnare cani e le faceva svariate domande.

Chiara desiderava fortissimamente un gatto e quindi scaltra fin da nana, anche quando le si chiedeva di dise-

10 ottobre 2022

Sono grata alla fantasia delle nuvole,
ai sorrisi arruffati e agli occhi suoi luminosi…
naufraghi dell'anima mia.

compiangerti non farà che alimentare l'oggetto dell' mio
malumore. »
Tomás soffiò, e non solo per scaldarsi. Non riusciva più
a reggere la prosopopea di quell'uccento. Proprio allor
Morena si scrollò i capelli spargendogli addosso un nubi-
fragio di goccioline.
« Ti sono grato, per avermi innaffiato », le disse.
« Ma sei un lamento perpetuo! »
« Stavo già compilando la lista. »
« Smetti di fare la vittima o questo sole non ci scalderà
mai. »
« Ti ascolto. Sono grato al mio corpo, avrei preferito
gambe meno rotonde e capelli meno arruffati, ma poteva
andare peggio. Sono grato alla mia anima: ho sentito tanto
parlare di lei e mi piacerebbe conoscerla. Sono grato alla
mia timidezza che talvolta riesce a preservarmi dall'arro-
ganza. Sono grato alla mia fantasia e ai libri che mi forni-
scono gli strumenti per allenarla. Così va un po' meglio. »
« La gratitudine deve abbracciare tutto », professò Noah.
« Il sereno e le nuvole, i sorrisi e le lacrime... la madre e il
padre... »
« Io non sarò mai grato a mio padre. »
« Dai, sono agli asciugamani. Il vento o forse un catino di
zinco, che i due naufraghi conoscevano piuttosto bene... »
« È tempo che anche tu faccia uso delle tue », gli sputa
vicino, disse posando i suoi occhi luminosi sopra Tomás.
« Non ci penso proprio. »
Noah appoggiò a terra il catino, poi scese dallo scoglio
con la stessa agilità con cui vi era salito e scomparve nella
radura.
Morena si avvicinò a Tomás e gli passò una mano fra i
capelli bagnati.

fui

27

Adolescenza

20 settembre 2022

Riemerse dal riparo dell'infanzia
in direzione del dolce sentiero dell'errore.

ane manciare e fu un ui n.iarono addosso. Per un attimo tornarono ad affacciarsi ai davanzale della loro infanzia, quando dopo una nevicata si riempivano gli occhi con il bianco che imponeva il silenzio a tutte le cose.

Il sentiero sfociava in un bosco di querce ricoperte dal vischio. Al riparo delle piante spiccavano tre vasche a forma di L, dentro le quali gorgogliava una pozzolana rossastra. Il Medico delle Acque fece cenno ai pazienti di immergersi.

«E tu, Morena Polvere, muovi un po' le labbra», disse una sirena.

«Non obbedire mai. Obbedisciti», rispose Noam.

L'uomo con gli occhiali da sole entrò con indifferenza nella vasca più vicina. Morena si tuffò strillando, seguita di corsa, ma quando riemerse aveva già iniziato a lamentarsi: il liquido le pizzicava la pelle. Tomàs, che aveva abbozzato un passo in direzione della pozza più lontana, ne fece subito due indietro.

«Non mi immergo», bofonchiò.

Il Medico delle Acque scosse la barba con dolcezza.

«La rovina non sta dell'errore che commetti, ma nella scusa con cui cerchi di nasconderlo.»

Un'altra sentenza. Incominciava a essere insopportabile.

«Per quale motivo dovrei buttarmi in sentieri in questa zuppa?»

«Non tutto ciò che vale costa, ma tutto ciò che costa vale.»

Attingendo alle sue riserve di audacia, che non erano sterminate, Tomàs si sedette sul bordo della vasca e tentò di infilarvi un alluce. Il suo piano era semplice ed efficace: si sarebbe calato un centimetro alla volta. Disgraziatamen-

29

7 luglio 2023

Incantata dalla storia della notte,
questa mattina ho il desiderio semplice dei bambini
di diventare grande.

31

25 settembre 2022

La mente adolescente
vaga smarrita lontano da qui,
aprendo le porte del viaggio,
cerca l'alba di un nuovo inizio.

inizio

viaggio

un

la mente vaga

aprendo le porte

nuovo adolescente,

lontano da qui.

di

l'alba, cercand

smarriti

23 maggio 2023

Premure liquide,
cure esperte,
è tempo di famiglia.

Crescere

18 agosto 2022

Il tempo,
bambino dallo sguardo curioso:
salta, corre, cade e felice … passa.

37

3 febbraio 2023

L'innocenza del passato
è l'infanzia di un uomo dall'animo felice.

infanzia

bugie

innocenza.

passato

è fidato di me

un uomo felice.

dal

14 giugno 2023

Cresce tra i banchi di spensieratezza l'infanzia,
all'improvviso con la leggerezza di quei venerdì…
è andata così.

Il venerdì è giorno di pesce in casa Mancini. Da sempre.

Ogni venerdì Angelo va al mercato Trionfale e tra i banchi, coi suoi loden grigi e neri, una taglia in più «perché poi se ci metti un maglione o una giacca sotto va brutto», sembra un birillo di lana.

Le cernie e le orate sono disperate. Una fradicia tormenta se l'è portata via tutto.

Giancarlo se n'è andato meno di un anno fa e con lui pure l'ultimo fondo di spensieratezza, d'infanzia, quella che Angelo nascondeva sotto il cappotto, per fare una sorpresa all'uomo che aveva amato per quarant'anni buoni. Quella leggerezza di luna park, di pizza mangiata con le mani e di una partenza all'improvviso che solo un lutto ti sa togliere. Angelo aveva gli occhi persi, senza brillante, come quelli delle cernie e delle orate vecchie. Erano proprio disperate. Pure loro. Forse quasi si capivano.

«Dotto'! Oggi ve dovete piglia' le alici.» Gaetano, pescivendolo di fiducia, aveva occhiali a specchio cromati, una Linda dura, la sua sigaretta per definizione, sempre in bocca e una scodella di lana nera in testa. Dall'ecografia. Il look perfetto per crescere hipster o pescatore. A lui, però, era andata così.

«Dotto'! Stateme a senti'! Oggi ve dovete piglia' le alici.»

Le alici. Il suo piatto preferito. Il loro piatto preferito.

30

4 agosto 2022

Nasce dal bisogno di calore il pianto,
linguaggio di sincerità
che lascia traccia nell'Universo
e senza parole dà voce al cuore.

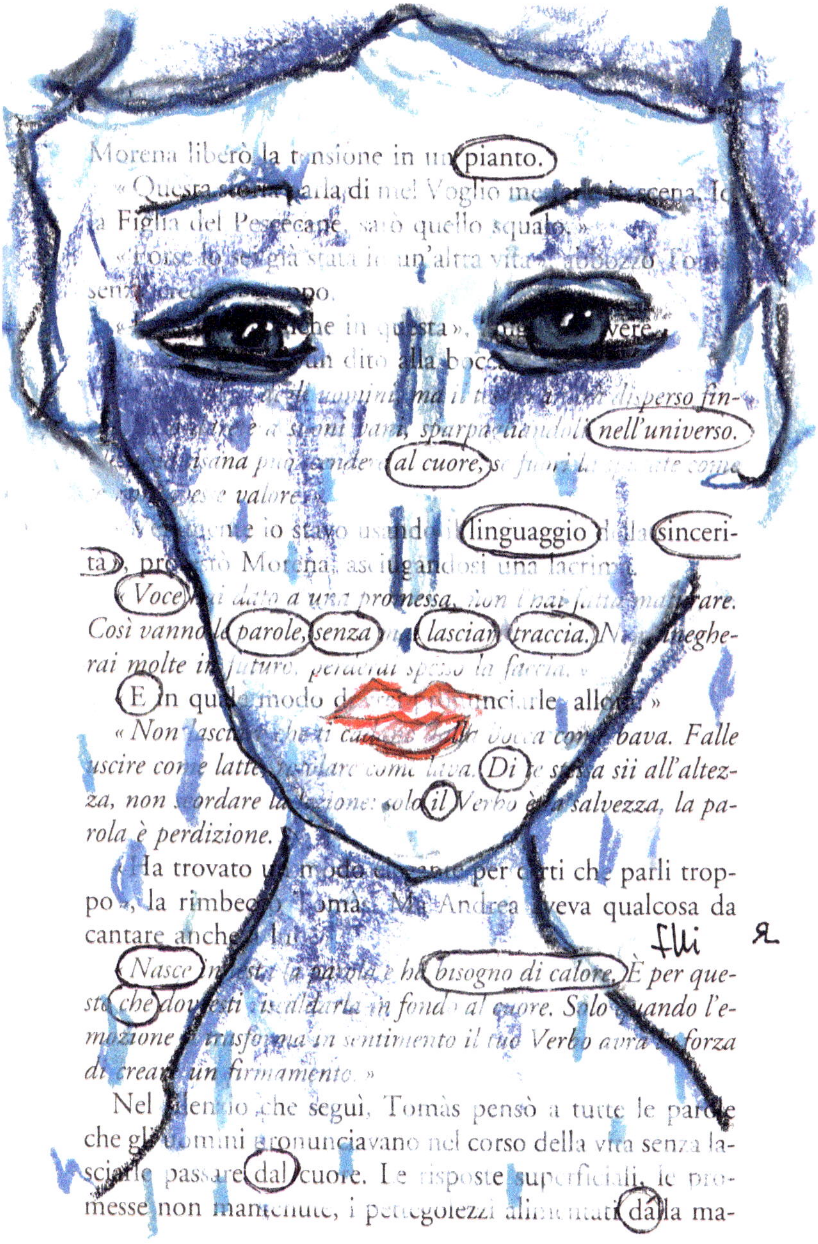

29 settembre 2023

Credo nei bambini ribelli
e in una scuola che insegna loro la vita con il sorriso,
leggendo storie di speranza.

Scendo la scalinata di Mazì leggero come una piuma. I nostri bambini hanno perso tutto fuggendo dalla guerra, hanno attraversato bombardamenti, monti e il mare mortale. L'hanno fatto per avere una chance di dignità e di vita. Il campo profughi non sento quella chance. Ma se noi riusciamo a ridare ai nostri figli la voglia di vivere e li prepariamo a fare le scelte migliori delle nostre, forse c'è speranza di costruire una scuola migliore per tutti.

Se c'è speranza per Venezia, io credo, c'è speranza per i bambini.

Stamattina Mays arriva in ritardo. Non è solito da lei. Bussa, socchiude la porta e mi guarda attraverso lo spiraglio.

«Forza» dico, invitandola a entrare. Torno a leggere *Storie della buonanotte per bambine ribelli*, un evergreen della nostra classe. Ma Mays resta sulla soglia.

«Che succede?»

«Mia mamma è in ospedale.»

Cala il silenzio. Resto così, imbambolato, con il libro in una mano e l'altra a mimare la storia che stavo leggendo. Solo che poi Hesther lancia un grido di gioia e va ad abbracciare Mays. Le bambine si stringono ed esultano come se avessero ricevuto l'asilo.

Lancio un'occhiata alla classe e trovo la mia stessa perplessità sui loro volti.

Abbozzo un sorriso. «Sta nascendo il bebè.»

«Bebè!» esclamano insegnante e alunni insieme.

Mays non riesce più a contenersi e fa un sorriso grande come il mondo. «Avrò una sorellina.»

La sorpresa mi travolge. Cerco di scandagliare i ricordi per trovare indizi. È possibile che l'ultima volta che ho fatto visita alla famiglia, la madre di Mays avesse aperto le finestre del container altrimenti sempre immerso nell'oscurità. Mi aveva forse rivolto un sorriso simile a quello che Mays sfoggia ora? E il suo ventre era gonfio, sotto gli strati d'indumenti?

«Devo andare adesso» dice. «Vieni a trovarla oggi?»

«Ma certo.»

267

4 novembre 2022

Che sorpresa quella sera,
quando ascoltandomi il cuore,
ho incontrato me stessa!

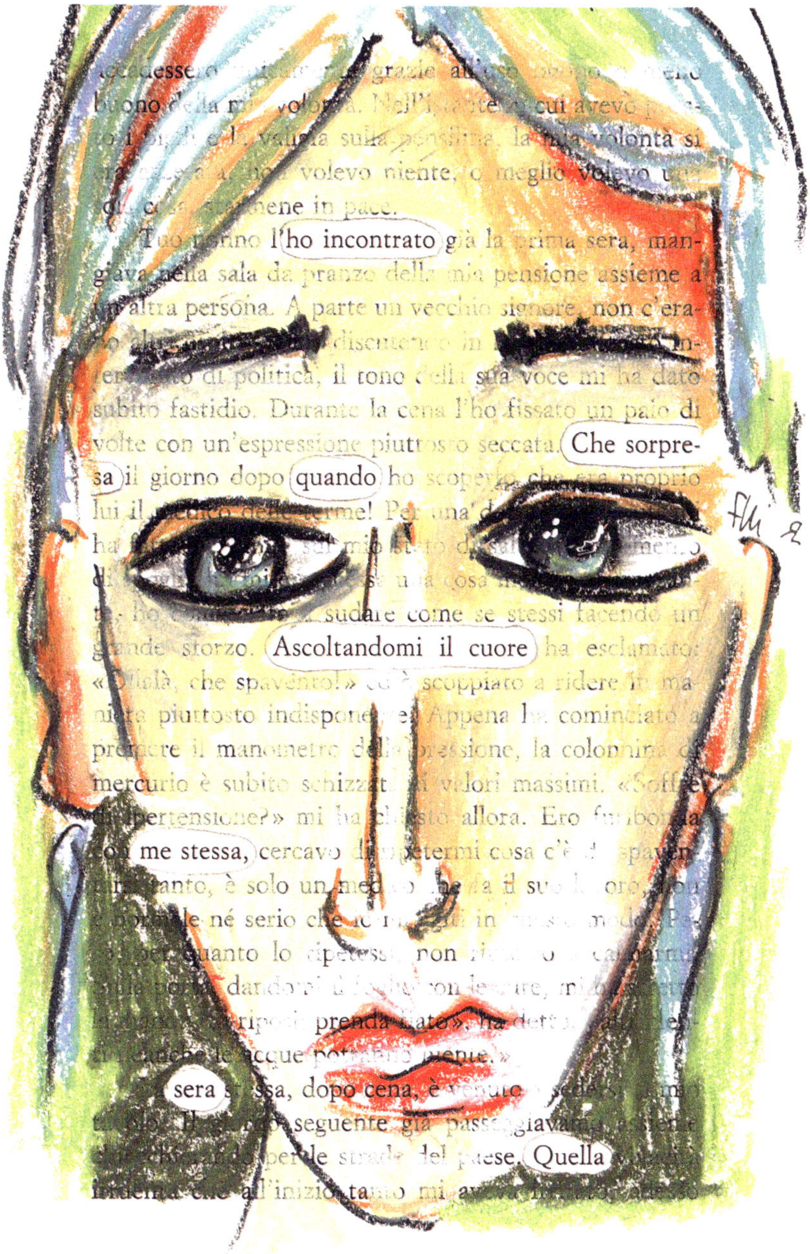
l'ho incontrato
Che sorpresa
quando
Ascoltandomi il cuore
me stessa,
sera
Quella

I mille volti di un'anima

17 febbraio 2023

Sono uno e sono mille,
sono parola e poesia,
sono stato amore e dolore,
sono il dubbio delle mie certezze...
sono Spirito in continua evoluzione.

parola — dolore — sono — amore — sono — mie — l'evoluzione — stato un re — delle — certezze — Spirito — continua

15 agosto 2023

Ho smesso di cercare negli altri
l'amore per me stesso,
(iniziando) ad accettare la mia vulnerabilità
senza paura,
una vita dopo l'altra.

sato altre persone, ma solo quando ho smesso di cercare la mia e ho costruito le fondamenta dentro di me, mi sono sentito completo.»

Hammudi aggrotta le sopracciglia e i violsocchi gli sfiorano l'anima.

«Questa scuola» continuo, «Giulia, Sofia, Brodie, tu, Inys, Hesh, Zimar e tutti gli altri... voi non mi rendete me stesso. Bo solo mi era mai capitato prima.» Mi tolgo il cappuccio e sorrido. «Casa è uno stato mentale.»

Hammudi stringe la mia felpa tra le dita.

Uno dei miti più tossici sulla vulnerabilità consiste nell'associarla alla debolezza. La vulnerabilità però è anche la culla dell'amore, del senso di appartenenza, della creatività e dell'autenticità. Accettare la propria vulnerabilità dà immensa forza.

«Hanno sparato a mio padre in un supermercato» dice Hammudi guardando nel vuoto in bianco. «E io vorrei essere io non ho potuto dire qualcosa, rincuorarlo e aggiustare la sua ferita, come lo farei per me stesso. Lo farei per lenire il dolore che la sua confessione provoca in me. E così mi limito ad ascoltare mentre Hammudi racconta.

Racconta di suo padre, di sua nonna, di mama, di Fatima, di Sham, degli uomini barbuti, dei treni vuoti e dei cuditi in. Mi dice della sirena, delle bombe lanciate sulla gente degli attacchi chimici e dei corpi abbandonati in strada. Mi propone lo scorcio di un Paese che amerà per il resto della sua vita senza sapere se lo vedrà ancora. Si tratta di un racconto confuso e frammentario, fatto di silenzi e parole chiuse, ma mentre parla vedo l'incendio che ha negli occhi campava tra i suoi spegnersi una parola dopo l'altra.

«Sono sempre arrabbiato» dice, «perché ho paura. Ho paura tutto il tempo.»

«E va bene così.» Mi abbasso per guardarlo negli occhi e gli poso una mano sulla nuca. «Non voglio dirti che ti capisco, perché non ho mai vissuto ciò che hai vissuto tu, e non ho idea di come possa sentirti. Ma voglio dirti che essere spaventati è normale e non è colpa tua.»

51

23 marzo 2023

Dentro di lei
un universo di pensieri
e la strada da (cui) tornare indietro.

esattamente in che di...
...obe portata e sarai perduta. E anco...
...mare e finire col perderti, potrai sempr...
...nuovamente la tua strada.»

...oltava attentamente tutto ciò che Mam...
...momento sentì che un cal...
...anzia e penetrav...
...essere. Si spaventò: se...
...che dal coccige saliva su fino...
Qualcosa dentro di lei si stava muovendo, face...
...coscienza. Sentiva un ronzio costante...
...sibilo di un serpente. A occhi chiu... un
universo co...lla... puntini luminosi che...no e
si contrae...n u... razione di sec... invasa da
una sonno...che la... sempre più nel...dell'in-
coscienza...sua m...continuasse a...bombare
la voce della... "pensieri degli es... uomini, molto
spesso, son... confusi perché non hanno... possibilità al-
cuna... direzione del proprio cammin... si trovano
quando si agisce... E se cammini... tuoi, potrai sem-
pre tornare indietro...".

13 gennaio 2023

Dipingendo la notte intorno a me,
il silenzio mi sorprende il cuore.

Non manca mai di sorprendermi come Joshua sembri sempre assorto nei propri pensieri mentre parlo, come se non mi stesse ascoltando perché lo facesse in modo passivo, ma poi se gli pongo un quesito ha la risposta giusta, l'analisi azzeccata del mio dilemma del momento. È qualcosa di piacevolmente destabilizzante.

Bevo un sorso del mio tè. «È pazzesco» dico. «Vivo in quella città da quasi un anno ormai, ma mi si spezza il cuore ogni volta come la prima.»

Silenzio. Posso sentire il mio battito, anche la gabbia toracica. Ricordare l'abbraccio dei bambini di strada mi fa pensare al modo in cui Mutlun ogni tanto affettuosamente cerca contatto fisico.

«Da solo sei partito in un altro orfano... eri qui prima di arrivare a Dayavu Home, ma non so cosa sia accaduto in quell'istituto, non conosco neppure il perché del trasferimento. Non ho mai chiesto, ma stasera lo faccio.

Joshua si agita sulla sedia e si mette a sedere dritto. «Vedi...» dice e il paesaggio intorno a me muta. «Era un orfanotrofio ben più grande del nostro, alto tre piani e lungo quindici o venti finestre. Avevano un'utilitaria giapponese moderna, niente a che vedere con la nostra Sumo.»

Lancio uno sguardo affettuoso al vecchio fuoristrada. Joshua gesticola dipingendomi il resto dell'edificio nell'aria. «Più di cento bambini e bambine divisi per sesso e di tutte le età, occupavano i dormitori. Ma quando il personale si ritirava per la notte, nel buio di quegli stessi dormitori alcuni bambini restavano svegli.» Fa una

55

5 settembre 2022

Scoprire il mondo in un sorriso… cura.

propria gallina dalle uova d'oro, un concetto innovativo che unisce il volontariato e il turismo, permettendo a oltre duecentomila giovani nella sola Inghilterra di partecipare, ogni anno, a **un** affare mondiale che si stima vaga i centottanta miliardi di dollari. Un fenomeno che si riflette nelle foto di Jack insieme ai ragazzi.

Questi bambini non hanno mai sorriso in vita loro" sembrava dire **in** posa, "poi sono arrivato io, il fantastico uomo bianco, e ora sorridono!".

Il volontariato, girare per **il mondo** salvando gli orfanotrofio dopo orfanotrofio, un bambino dopo l'altro, è un viaggio edonistico alla ricerca di sé, **senza curarsi** di chi ci si lascia alle spalle. Così il singolo atto di volontariato, il loro, mi riempie d'inquietudine non tanto per il suo operato, quanto piuttosto per quello che la sua permanenza mi costringe a riconoscere riguardo alla mia prima missione.

Una sera, dopo cena, attendo che Jack si ritiri per la notte per parlare con Joshua in pace. Il vento s'intrufola tra gli alberi, facendoli vociare in una lingua sconosciuta.

«*Sir*, lo chiamo anch'io come lo chiamano i ragazzi e come ho sempre fatto «non posso impedirmi di pensare a come sono arrivato qui, un anno e mezzo fa.» Bevo un sorso del mio tè. «Ero pieno di buone intenzioni: aiutare, **scoprire**, mettermi alla prova, fare solidarietà... ma solo ora mi accorgo di quanto sia paternalistica l'idea di affidare un progetto di sviluppo a un ventenne privo di competenze professionali.»

A Rosa e alla piccola Lucia

21 luglio 2023

Nove mesi…
il mio smarrimento,
finché un giorno…
i tuoi sguardi,
la mia gioia
e (fui) madre e tu piccola,
il mio amore.

e il mio smarrimento. madre mia tuoi sguardi, piccola nove mesi

fui

il mio amore un giorno Finché gioia

30 settembre 2022

Lascia crescere la gratitudine,
trova la forza di sognare,
la consapevolezza di creare
e diventa il cambiamento
che fa la differenza nel mondo.

«È il tuo superpotere autodistruttivo» mi risponde Sarah. «Credo farà di te un buon padre, un giorno.»

Con i Dreamers ho visto famiglie distrutte, ascoltato storie macchiate di sangue e fronteggiato sistemi corrotti. Ho sperimentato i sentimenti più vari, dalla rabbia al dolore alla frustrazione, ma anche grande gioia e gratitudine. Ho lavorato senza posa, spesso più di quanto il mio corpo potesse reggere. Ma ne vale la pena. Ne vale la pena perché il mondo ha un aspetto diverso, quando ti impegni a cambiarne anche solo una piccola parte. Inizi a preoccuparti di tutti, non solo di chi ti è vicino. E sei disposto a batterti per cambiare le cose, costi quel che costi.

Con i Dreamers ho trovato la forza di sognare un nuovo mondo coraggioso. E, per la prima volta nella mia vita, la schiacciante responsabilità di poter salvare un altro essere umano mi fa desiderare di crescere davvero e diventare uomo.

L'Occidente è terrorizzato dall'invecchiamento. Nel mondo odierno essere giovani, senza rughe e senza preoccupazioni è sempre preferibile alle responsabilità e ai piani per il futuro. Ma per me la differenza vera tra un adulto e un ragazzo non sta nella barba, ma nella consapevolezza con cui guardi te stesso e ogni cambiamento possibile. Come ogni essere umano, posso creare o distruggere, solo che creare mi piace di più.

"Non uccidere il fanciullo che è in te" mi dico. "Semplicemente, lascia nascere l'uomo."

Sono passate due settimane dall'incontro di Hammudi con gli psicologi di First Reception. Io stesso ho accompagnato il bambino e la zia all'appuntamento. Dopodiché, nulla. Solo il silenzio.

Riprendo a martellare l'Ufficiale con le mie chiamate. «La Manager ha chiuso il caso» mi dice alla fine. «La sua voce ricorda il ghiaccio che si rompe. «Il report non uscirà dall'hotspot. È finita. Smetti di chiamarmi.»

Mi si gela il sangue. Ci avevo creduto. Si tratta di un caso semplicissimo, pieno di prove e testimoni. Eppure la Manager ha optato per il silenzio: lavare i panni sporchi in casa.

170

15 ottobre 2022

A volte condividere il silenzio dà sollievo.

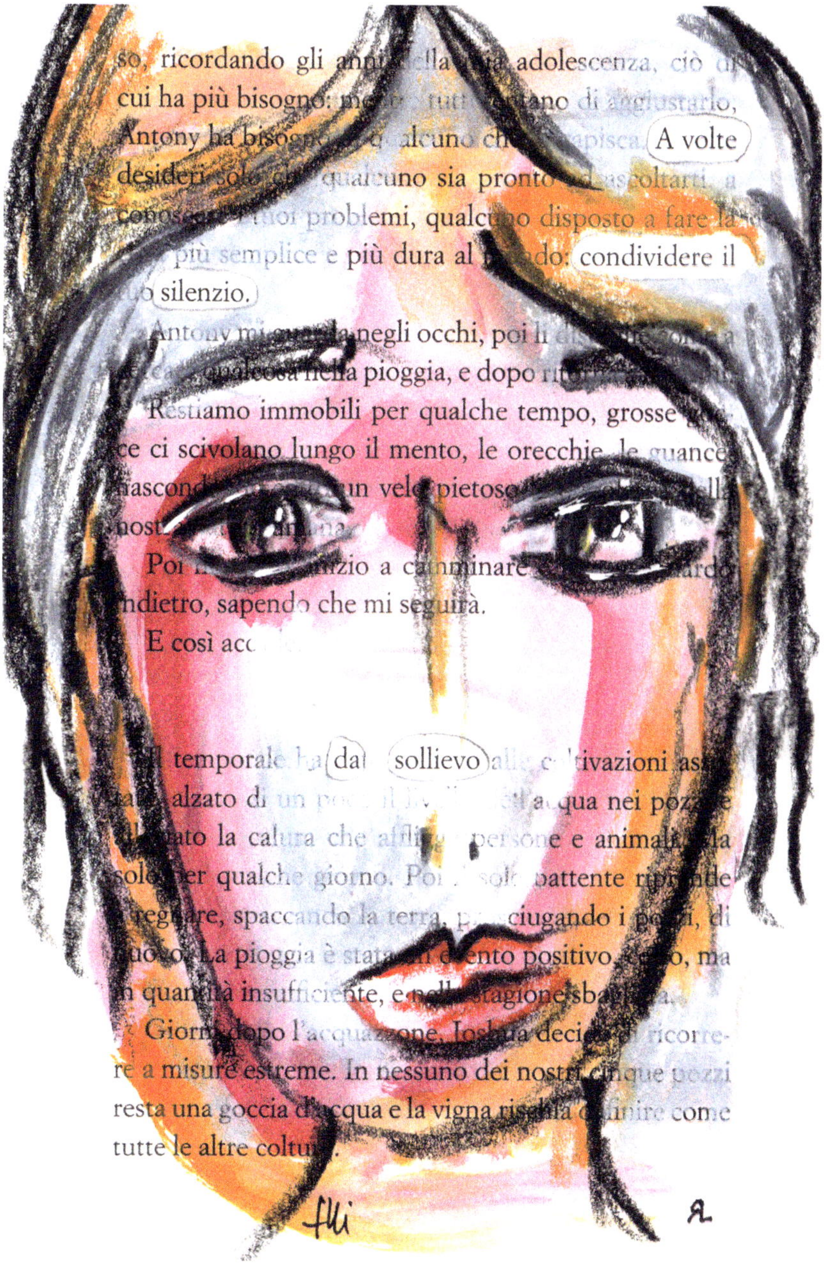
A volte
condividere il
silenzio.
dal
sollievo

7 gennaio 2023

Il sogno creativo
riconosce nell'altro un'unione.

Muthu, un piccolo creativo di dieci anni con il sogno di diventare attore, è uno di loro. Fin da subito si è rivelato affettuoso, sempre pronto al sorriso, allo scherzo. Cerca continuamente la mia vicinanza per attaccare bottone, in barba al suo inglese stentato. Non so molto del suo passato, ma sono lieto di vedere che gli altri lo hanno accettato di buon grado. Certo, non mancano di stuzzicarlo con l'ingenuità tipica della loro età. Il bersaglio preferito è il suo aspetto fisico, caratterizzato da una pigmentazione chiara, quasi color caramello, inusuale nell'India meridionale, e da un paio di occhi che «sei bello come una ragazza» gli dicono, e, sebbene io intervenga quasi sempre per porre fine allo scherzo, Muthu si rabbuia ogni volta.

Dayavu Home è un porto sicuro per bambini che provengono da famiglie disastrate, spesso afflitti da un passato carico di abusi e privazioni. Una volta accolti oltre il nostro cancello, a questi bambini sono assicurati un luogo in cui crescere, pasti regolari e un'istruzione. Quaggiù convivono bimbi con ancora tutti i denti da latte e ragazzi abbastanza grandi da sfoggiare i baffi, e quella che si sviluppa tra loro, a differenza di ciò che accade spesso negli orfanotrofi, non è mai una forma di protezione psicologica dei soprusi subiti in famiglia, ma piuttosto la volontà di coalizzarsi contro di essi, un'unione fraterna in grado di allontanare le ombre del passato di ciascuno. Certo, quando litigano se le danno di santa ragione, ma alla fine sono pronti a fare pace e riconoscere l'uno nell'altro un legame più forte

65

27 marzo 2023

Cercare la bellezza intorno a me
anche nei luoghi più cupi
è un invito alla felicità.

sono. Il mio sogno è di non abituarmi mai alla disuguaglianza intorno a me, e cercare felicità anche nei luoghi più cupi. Cercare la bellezza anche quando pare essersi estinta, fino a ritrovarla. Sogno di non banalizzare mai ciò che è complicato o complicare ciò che è semplice. Sogno di rispettare la forza individuale, e mai il potere. Sogno soprattutto di vegliare, di cercare di capire senza distogliere lo sguardo. E mai, mai dimenticare.

Ora ho un nuovo obiettivo. All'inizio di aprile ho firmato il contratto di *Bianca con Dio* e ho ricevuto un invito come ospite sulla prima nazione italiana. Avevo rifiutato, non potevo abbandonare i Dreamers. Ma adesso mi hanno esiliato, e così li richiamo e accetto. Ho due minuti in prima serata in uno dei programmi più guardati del Paese, in diretta televisiva, torno in Italia.

12 dicembre 2022

In mezzo al fumo denso…
la vita.

Polvere scomparve in mezzo ai vapori, dopo aver gettato il catino sul pavimento. Tomas si guardò bene dal raccoglierlo, ma non poté fare a meno di notare che era completamente asciutto. Possibile che la vita di un uomo evaporasse così in fretta?

Si ribellò al dominio della sofferenza e, raggiunto il centro della sala, immerse i piedi nella fontana refrigerante. Nonostante il fumo denso gli annebbiasse la visuale, aveva la sensazione di non essere solo. Una presenza di altri due piedi dentro la vasca non tardò a confermare i suoi sospetti e a incoraggiarli definitivamente: qualcuno profilarsi al suo fianco, la sagoma di una giovane donna.

Aveva il volto coperto da un velo.

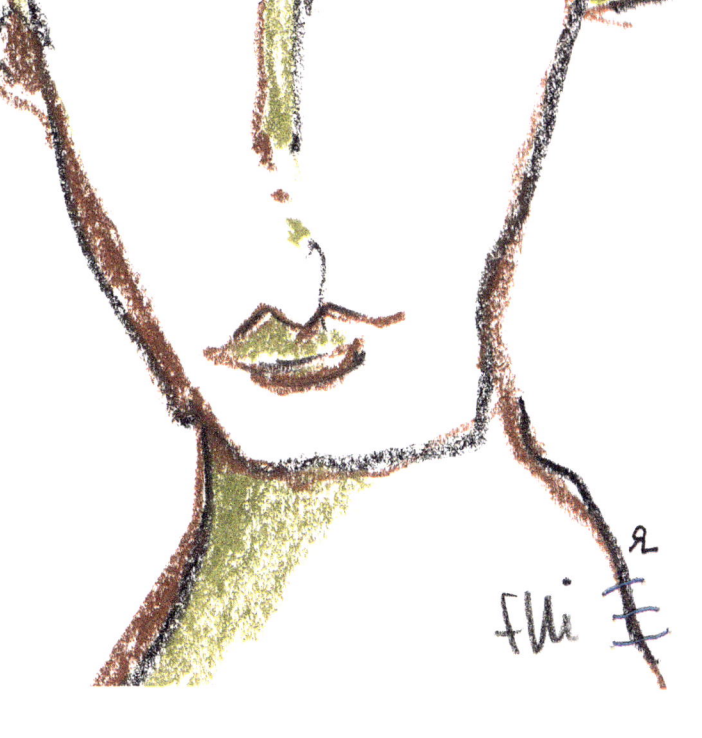

24 aprile 2023

L'intuizione,
arte dei sentimenti,
è maestra creativa di vita.

anche nel lavoro, e determinata, disposta a rischiare qualsiasi cosa pur di raggiungere le proprie mete».

Ravvivava nuovamente il fuoco che si stava spegnendo, l'anziana donna continuò, assorta, il suo discorso: «La società contemporanea non vuole sapere chi sia veramente la donna e cerca di deformarne l'indole fin dal giorno della sua nascita. Che cosa impara, oggigiorno, la donna dalla società? A falsificarsi, a nascondere i suoi veri sentimenti, a celare le sue opinioni, a mascherare i suoi pensieri».

«Ma oggi le donne ricevono un'educazione, molte riescono a diventare delle vere professioniste, in grado d'esprimere liberamente le loro idee» osservò Kantu.

«Ciò che dici non è affatto vero: la maggior parte di queste donne escono da scuole di stampo maschile che hanno finito col deformare la loro vera natura influenzando così la loro esistenza e togliendo loro la possibilità di esprimere la propria femminilità. Doti come l'intuizione, la creatività, l'arte, i sentimenti, si allontanano sempre più dal loro mondo. In nome del lavoro, queste professioniste spesso hanno dovuto sacrificare una parte della loro natura. È un fenomeno tipico delle società industrializzate.» La voce della curandera si interruppe un momento, poi riprese: «Non confondere l'istruzione con l'educazione. Ci sono molti uomini ben istruiti e male educati, al contrario ci sono molti ignoranti che seducono proprio per la loro educazione: la vita quotidiana ce lo dimostra. Nella maggior parte dei centri "educativi" di oggi sono molti coloro che lavorano per distruggere la vita sulla terra mentre sono assai pochi quelli che lavorano per difenderla. Fra uno scienziato privo di morale e di coscienza e un ignorante educato è da preferire il secondo che non ti danneggerà mai quanto il primo».

Kantu rifletté un poco prima di rispondere a quanto sosteneva la sua maestra. Era vero, infatti, che nel mondo su

AMATA

20 aprile 2023
A mio padre Carlo e mia madre Annalisa

Padre,
madre,
ora capisco ogni ruga
e con speranza
respiro famiglia in ogni raggio di sole.

potenza, e me la sento vicina, al sicuro. Lei alza lo sguardo e agita le braccia.

Il padre di Mays mi tocca la spalla. «Sarah.»

«Mi ha detto che viene domani» rispondo.

«No» ride Mays. «Sarah è il suo nome. L'abbiamo chiamata Sarah.»

Ci resto di sasso, poi guardo la piccola Sarah e ammetto che, come ogni neonato, è una ventata di ottimismo nel baratro di questa bolgia.

«Mi dispiace non avertelo detto» dice Mays. «Il nostro avvocato ha detto che era l'unico modo per impedire l'estradizione.»

Così capisco. Guardo prima il padre, poi la madre, e soffermo su ogni ruga, ogni macchia di vecchiaia, ogni capello ancora nero. Che Europa è quella che costringe una coppia alle porte dell'anzianità ad avere un quinto figlio per evitare l'estradizione?

«L'avvocato dice che Sarah bloccherà i rifiuti alla nostra richiesta d'asilo.» Mays sorride. «Non ci manderanno più in Turchia, né tantomeno ad Atene!»

Abbasso di nuovo lo sguardo. Reggo tra le mani la speranza personificata, un raggio di sole tra le tenebre. Ogni respiro della piccola Sarah, ogni scatto delle sue gambine sancisce la salvezza della sua famiglia. So che mai una bambina sarà amata e rispettata più di Sarah.

«Beviamo te insieme, e Sarah mi vomita un poco sulla spalla. La famiglia di Mays mi fa promettere che, ora che hanno una casa, accetterò il loro invito a cena. Non mi faccio pregare, adoro il cibo e le chiacchiere allegre.

«Hai qualcosa sulla spalla» dice Mays quando torno in macchina.

«Credo sia la speranza.»

«Odora di vomito.»

«Speranza.»

Al ristorante ordino olive verdi e pane e olive scritte. Lei mi parla di Bogdan e di quanto siano stati bravi quando da Samos volunteers, io le dico che non smetterò mai di ammirarla, che credo in lei. Parliamo di lui, di quanto possa essere un uomo

73

3 febbraio 2023

Abbi cura di te e Respira.

Va' dove ti porta il cuore

scito a compiersi. Abbi cura di te. Ogni volta in cui, crescendo, avrai voglia di cambiare le cose sbagliate in cose giuste, ricordati che la prima rivoluzione da fare è quella dentro se stessi, la prima e la più importante. Lottare per un'idea senza avere un'idea di sé è una delle cose più pericolose che si possa fare.

Ogni volta che ti sentirai smarrita, confusa, pensa agli alberi, ricordati del loro modo di crescere. Ricordati che un albero con molta chioma e poche radici viene sradicato al primo colpo di vento, mentre in un albero con molte radici e poca chioma la linfa scorre a stento. Radici e chioma devono crescere in egual misura, devi stare nelle cose e sopra le cose, soltanto così potrai offrire ombra e riparo, soltanto così alla stagione giusta potrai coprirti di fiori e di frutti.

E quando poi davanti a te si apriranno tante strade e non saprai quale prendere, non imboccarne una a caso, ma siediti e aspetta. Respira con la profondità fiduciosa con cui hai respirato il giorno in cui sei venuta al mondo, senza farti distrarre da nulla, aspetta e aspetta ancora. Stai ferma, in silenzio, e ascolta il tuo cuore. Quando poi ti parla, alzati e va' dove lui ti porta.

75

13 marzo 2023

Possiederà potere,
colei che incontra se stessa.

donna di potere.

possiederà

Colei che incontra se stessa,

Migliori amiche

11 settembre 2023
A Elisa, sorella di anima

Io e lei,
in quell'abbraccio fatto di abbagliante felicità,
accompagnato finalmente dalla quiete del sentirsi amate.

elfi nate anche di buffe parole e onomatopee segrete, loro due, come i migliori amici di tutto il mondo, sono certe di essere i più speciali al mondo.
Finalmente si sente a posto e può stringersi con una mano al collo assieme al migliore, un gesto da gran signora, e l'agguantarsi in quell'abbraccio è premio per aver trovato quiete in un finalmente.
"Come sarebbe bello un mondo fatto tutto di migliori amici", rimugina. "Di persone che si sentono uniche, perché amate e amate perché uniche."
Avrebbe voluto stringerli e sbavicchiarli sulle gote, quei due che continuavano a rappresentare in modo così semplice e abbagliante la felicità: lui un bombolone con gli occhi, in jeans troppo attillati per le sue gambe da Cicciobello e lei con i suoi quattro shampi di troppo che le conferivano una nuvolite impertinente ai capelli, quell'elettrico che sta a metà tra il crespo e la nottataccia.
"Sono sublimi!" le nasce in petto, e accompagnandolo con una piroetta la sciarpa lanciata dietro le spalle, un filo più veloce di lei, le schizza un pensiero: "Anche se io e MaraElena siamo le più migliori amiche di tutti..."
Ride.
A conferma della felicità.
Senza sentirsi più la lingua.

8 luglio 2023

Ho fede nel dubbio
che si propone di dare significato al coraggio.

re e delle ricchezze dell'impero di cui sfidavano la sovranità. Come abbiamo visto, sebbene fossero convinti che Dio avrebbe benedetto la loro causa, erano preparati a pagare con la vita per la loro fede e in molti casi furono effettivamente costretti a farlo. Senza dubbio numerosi uomini violenti e disperati si unirono alle bande degli Zeloti, e commisero molti assassinii e rapine. Molto Zelotismo dev'essere considerato fedele e intrinsecamente nobile espressione della fede religiosa ebraica, santificata e ispirata dall'esempio di molte figure venerate del passato eroico di Israele: non è fuori luogo notare qui il significato della decisione con cui il moderno stato d'Israele si propone di fare della fortezza di Masada un monumento nazionale. La vigorosa resistenza, la fede e il coraggio inflessibili, il rifiuto di arrendersi degli Zeloti che vi morirono nel 73 d.C., sono ciò che la nazione ebraica oggi onora e cerca di perpetuare.

81

8 gennaio 2023

La lezione più importante
è insegnare la fiducia.

manghi, noi ragazzi mi vedono arrivare e ogni loro incontro scaccia via il mio passato ancora una volta, ricordandomi che non è mai troppo tardi per diventare la migliore versione possibile di me stesso.

Completo il mio stage a Chennai appena prima di Natale, esattamente un anno dopo la mia decisione di trasferirmi in India.

«Per favore» mi supplicano i bambini della mia classe, «sii la nostra maestra quando Priya sarà in America.» Lacrime calde mi riempiono gli occhi mentre la classe si promette di far ritorno e di non dimenticarli mai. E come potrei? Questi bambini hanno esorcizzato uno dei più spaventosi demoni della mia adolescenza. A scuola, da ragazzino, sentivo di non valere nulla. «Non andrai da nessuna parte» mi aveva detto un insegnante. Avevo quasi perso la fiducia nell'educazione.

Priya mi ha mostrato un'alternativa.

Priya mi ha mostrato come l'insegnamento dell'autocritica e dell'intelligenza emotiva siano essenziali allo sviluppo dello studente quanto la grammatica e la geometria. Mi ha mostrato come insegnare la giustizia, l'empatia e la determinazione sia forse più importante dell'analisi del periodo e dell'algebra. E mi ha mostrato come fornire ai bambini che non hanno nulla gli strumenti cognitivi per imparare ovunque, siano a dispetto delle circostanze la lezione più importante.

Esiste un'altra via per crescere persone sane e bril-

9 marzo 2023

La vita è quell'occasione di indossare i pensieri, vivere il presente e osare.

come carico sulle spalle, che la stava trascinando giù nel precipizio.

Fortunatamente, in cop... per proteggersi dal freddo delle montagne, si era aggrappata allo spigolo della roccia, che la teneva disperata. Un vento fresco le accarezzava le gambe lasciate scoperte dalla gonna e i suoi piedi che non si erano mai abituati ai sandali andini che non portava mai, ma che, in quell'occasione, sarebbe stato il caso di indossare.

I suoi pensieri erano rimasti come sospesi quando sentì lo strattone di una mano che la sollevava: era Condori che era riuscito ad afferrarla appena in tempo e che, molto abilmente, l'alzò adagio su un terreno sicuro. Kantu si sentì rinascere e, come se nulla fosse successo, continuò con lui a discutere il cammino. Le gambe tremanti e lo stomaco con un nodo stretto in gola, sapeva di non poter ridere: era stata sul punto di morire... e lui non si preoccupava nemmeno! Infuriata per quel suo atteggiamento, era sul punto di mettersi a urlare ma, improvvisamente, si ricordò di ciò che le aveva detto in un'occasione: «La vita è sfida e solo rischiando ci si può mettere alla prova. La vita è fragile; si può morire in qualsiasi momento, cerca sempre di vivere il presente». L'unica cosa che davvero contava in quel momento era essere ancora viva, si calmò e smise di pensarci. Si sistemò il carico in spalla e seguì Condori che aveva già ripreso il cammino.

«Una volta, qui c'era un ponte di legno ma ormai non c'è più. E poi non è difficile saltare da una roccia all'altra; tu hai esitato ed è per questo che sei scivolata. Per vincere o per perdere devi osare», le disse voltandosi.

Per la prima volta dal momento in cui avevano intrapreso il viaggio, lei lo guardò attentamente: lo vedeva come il suo salvatore, il suo maestro, come un uomo molto sicuro di

85

1 giugno 2023

Canta, esulta, protesta, spera,
trova sempre il modo di essere partecipe,
il tempo di amare
e di sentire la vita che pulsa
tra le giunture di mondi differenti.

famiglie. Dopo l'arresto dello zio di Hammudi, le madri di Soran sono accorse in aiuto della zia sorvegliando le tre figlie piccole e condividendo i pasti. Ora si baciano e abbracciano prima di dirsi addio.

Hammudi e Soran appartengono a mondi differenti: uno arabo e l'altro curdo, uno povero e l'altro benestante, uno senza famiglia e l'altro con troppa famiglia, uno estroverso e l'altro riservato. Ma i bambini sono così, in barba alle circostanze e alle imposizioni culturali, loro trovano sempre il modo di essere bambini – il che significa, in poche parole, che trovano sempre il modo di amare.

Aiuto Mohammad a impilare le valigie e i sacchi neri accanto alla tenda. Mi sento a un tempo divorato dall'apprensione e colmo di speranza. Dev'essere un inferno attendere che qualcuno decida se sei degno di essere trattato come un essere umano e poi, quando accade, essere spostato senza preavviso, come se fossi un pacco, come se non valessi abbastanza, come se fossi sacrificabile. Al contempo, però, la famiglia di Soran ce l'ha fatta: si sta lasciando questo luogo maledetto alle spalle, una volta per tutte.

Mi guardo intorno: decine e decine di famiglie brulicano salendo e scendendo dalla collina, c'è chi canta e c'è chi esulta, chi urla e chi incita cori di protesta. L'hotspot pulsa di vita, allegria, aspettativa e odore di corpi sudati e di pioggia. Aiuto le famiglie dei miei studenti a trasportare i bagagli al cancello meridionale. Anche Malli e la sua famiglia partono stanotte. Risalgo la collina dieci, venti volte per rendermi utile, mi bruciano le giunture, ma lo faccio con piacere. Faticare con loro mi fa sentire partecipe, ma soprattutto allevia le fitte che sento all'idea di perdere i miei primi Dreamers.

La parte più difficile non è lasciarli andare. La parte più difficile è lasciarli andare sapendo che loro sì, vivranno per sempre nel mio cuore, ma la mia missione è svegliarmi senza indugio domani e dare il cento per cento a chi è rimasto indietro. La mia missione è fare spazio per quelli che devono ancora venire, sapendo che meritano di essere amati almeno quanto loro.

87

9 luglio 2023

Atti gentili e coerenti
caratterizzano l'animo
delle persone ricche di compassione.

...porti di Giacomo con l'... ...sionaria di Pietro, a cui abbiamo ... ...li (Atti) si ... ...rò così stra...n...te reticente a ...d... ...ei "fra... ...el Sig...re" che g...rno la Chiesa ...i... quegli anni ...cc... essen... ...te come una setta... messianica.

...tale co...sto ...bbiamo anche collocare la morte di Giacomo, avvenuta nel 62 d.C. Come abbiamo visto, Giacomo fu condannato a morte e ...ciara... ... ...ote Ananus per aver contravvenuto alla Legge. ...a ...ollevò l'indignazione di alcuni Ebrei contro Ananus, che era ...ll'aristocrazia dei Sadducei e impopolare per il suo atteggiamento ...rso i ranghi inferiori della classe sacerdotale. ... ...ento che ...i questi sacerdoti erano membri della Chiesa di ... appoggiato la ... ...er... ...el Tem... ...gato ... ...e ... ...rte su... ... ...peratore ... scopp... ... ...s colpì Giacomo fu qua... ...po di ... ...o ... ...asso cler... è possibile, come abbiamo osservato, che Giacomo e i Cristiani ebrei simpatizzassero anche con gli Zeloti, i quali ...no ...li... classe sacerdotale dei Sadducei per il suo comportamento fa... ...e ...i Ro...ni.

Qu...i contatti e simpatie di Giacomo sarebbero del tutto (coerenti) c... ...ello ... altrimenti sappiamo sul suo carattere e sulle sue opinioni. Essendo a capo ... una setta di Ebrei zelanti, che si distingueva per la convinzione che ... profeta ... Nazareth crocefisso dai Romani sarebbe tornato per liberare Israele dal giogo romano, Giacomo era considerato dai capi sadducei un individuo pericoloso, sia politicamente sia socialmente. A questo proposito, possiamo a... ricordare il "comunismo" della comunità cristiana delle orig... n... l'importanza del fatto che lo scritto essenzialmente ebreo cono... ... ...pistola di Giacomo sia (caratterizzato dalla) (compassione) per... ... e ...ll'(animosità) nei confronti (delle persone ricche e influenti).

... ... i Cristiani ebrei furono tanto devoti e attesero la res... z...one ...lla ...e ...e della sovranità a Israele, quale fu il loro attegg... ... ...e (Gentili) che cercarono di associarsi alla Chiesa? Di quanto ...l... ... ...ra, sembrerebbe che essi fossero istintiva... ... ...vers... ... ... Ge...tili e non potessero concepire una loro par...ci... ... al ...av... o e... ...to me...o la favorissero. Tuttavia, come prov... ... molt... ...l... Ch...s... ...n...li f...rono ben presto fondate in tutta l'area d... ...d... ter... ...en... e... ... il Cristianesimo era destinato a diventare una ...l... ...one di Gentili.

...a ... ... ico del quadro idealizzato dello svilupp... ... ...ist...anes... ... ...entato ...gl... Atti mostra ben presto che l'evangelizzazi... ... ...ei (Gentili) no... ... posto al... ...no ...lla linea di condotta dei primi Cristi...

89

30 maggio 2023

Riconoscersi
significa rinunciare a giudicarsi
ed evolversi
aderendo alla (propria) visione delle cose
e dell'universo.

vecchio guru in pensione che, dopo avere estorto una montagna di soldi ai discepoli, per passare il tempo si accanisce su un'ultima pecorella smarrita?

«A proposito, non mi hai detto com'è andato il tuo colloquio con l'amministratore delegato.»

Da allora erano accadute talmente tante cose che quello mi sembrava un episodio molto lontano.

«Non male», dissi.

Da un giorno e mezzo ero a stomaco vuoto, ma Dubreuil non pareva ansioso di andare a cena.

«Hai resistito alla tentazione di giustificarti davanti alle sue frecciate e hai reagito invece ponendogli domande imbarazzanti?»

«Sì, e ha funzionato benissimo. Però non sono riuscito a ottenere granché. Volevo convincerlo a concedere finanziamenti supplementari al nostro ufficio, ma ho dovuto ritirarmi in buon ordine.»

«Ti sei sforzato di entrare nel suo universo e adottare il suo modo di pensare, prima di provare a convincerlo?»

«Grosso modo sì. Diciamo che ho tentato di dimostrargli che le mie idee soddisfacevano i suoi criteri di efficienza e redditività. Ma insomma, credo che abbiamo valori così diversi che mi è impossibile adeguarmi alla sua visione delle cose o anche solo fingere di farlo. Sa, è difficile riconoscersi nei valori del proprio nemico.»

Dubreuil tirò una boccata del sigaro.

«Qui non si tratta di aderire ai suoi valori. Se non sono i tuoi, non è possibile. Ma è utile che tu distingua nella tua testa tra una persona e i suoi principi morali. Anche se questi ultimi sono molto discutibili, la persona è sempre... recuperabile. Quindi l'importante è rinunciare a giudicarli, dire a noi stessi che, per quanto essi ci indignino, la sola speranza che abbiamo di indurre quella persona a evolversi è legata al fatto di non rigettarla in blocco insieme con le sue idee. Entrare nell'universo di qualcuno significa dunque cercare di calarsi nei suoi panni, immaginare

91

A Mida e Gloria

27 settembre 2023

Ti nascondi dove fa più male
ed io ti tengo dentro
al sicuro nel cuore mio,
tra lacrime e battiti,
eppure è un'esperienza incredibile pensare a te (guardando) il cielo
e vedere che anche tu guardi nella mia direzione.

93

12 aprile 2023

La rinascita
se intrapresa con leggerezza
è un movimento naturale,
un passaggio essenziale
per risollevarsi con coraggio
dai complessi episodi ancestrali
che abbiamo passato
ed essere liberi
e sovrani della (nostra) storia di vita.

condotte per altri ventinove anni, campagne militari contro le nazioni non coinvolte nel primo conflitto[137]. Gli specialisti sono concordi nel ritenere che questo *Rotolo* rappresenti le opinioni della comunità di Qumrân, i cui membri erano probabilmente Esseni[138]. Sono state naturalmente avanzate molte ipotesi circa i rapporti fra questa comunità e gli Zeloti. È dunque significativo che l'insediamento di Qumrân risulti essere stato conquistato d'assalto dai Romani durante la campagna di Vespasiano del 68 e i susseguenti scavi a Masada sembrano anche fornire prove di alcuni stretti rapporti fra i Sicarii di quella località e i settari di Qumrân[140].

Dai materiali disparati e complessi che abbiamo passato in rassegna, comincia ad affiorare un quadro comprensibile e convincente degli Zeloti e della parte che svolsero nella vita ebraica durante gli anni critici fra il 6 e il 73 d.C. Nel loro movimento sembrano concretarsi o convergere le idee e le aspirazioni che derivavano in modo naturale dalla propria visione. Il concetto che sorreggeva l'idea che una teocrazia era fondamentale per lo Yahwismo: Yahweh aveva eletto gli Ebrei per farne il suo popolo, aveva dato loro la terra di Canaan come loro unico e peculiare possesso. L'Esodo e l'insediamento nella Terra Santa costituivano il modello essenziale dell'appalesarsi della provvidenza di Yahweh nella storia - del suo potere di liberare il suo popolo dai nemici e di ricompensare la fede[141]. La storia successiva degli Ebrei sembrava ripetere questo modello in molti episodi drammatici: l'infedeltà verso Yahweh li aveva portati al disastro e alla soggezione ai Gentili; il pentimento e la rinascita della fede erano stati ricompensati con il risollevarsi delle loro sorti[142]. Il successo dei Maccabei era la dimostrazione più recente e gloriosa di quanto si potesse ottenere con lo zelo verso Yahweh. Il malcontento crescente sotto Erode il Grande aveva accentuato la convinzione che Israele non dovesse trovarsi sotto un sovrano diverso dal Dio che aveva scelto gli Ebrei e così mirabilmente compiuto le promesse fatte ai loro antenati. Ma, se già la sovranità di Erode ripugnava, il passaggio in uno stato di soggezione all'imperatore romano, pagano, era una sfida ai principi peculiari dell'ebraismo e oltraggiava l'ideale vagheggiato di Israele come teocrazia. Il primo atto dell'amministrazione romana, cioè il censimento, colpì alle radici la sovranità di Yahweh su Israele - la terra santa, oggetto della sua antica promessa, era ora considerata proprietà dell'imperatore romano[143].

Ogni pio Ebreo dovette risentire l'offesa alla sua fede ancestrale, costituita dalla sovranità romana. Inoltre, non si trattava soltanto di un insulto implicito, tacito, come vedremo, i Romani non solo fecero scarsi tentativi di placare l'irritata suscettibilità religiosa dei loro nuovi sudditi, ma spesso li offesero deliberatamente. Fu naturale, quindi, che i più zelanti e coraggiosi si sentissero chiamati all'azione dalla fedeltà al loro dio nazionale, sull'esempio di eroi della fede come Phinehas e i Maccabei. Questa azione non poté essere intrapresa con leggerezza; anche i più fanatici dovettero rendersi conto del

21 marzo 2023

Al di là del dolore,
sentii che potevo vincere la paura,
ritrovando me stessa.

La paura — me — dolore — tutte le tue forze — sentii — vincere — che potevo — proteggerti — stessa — tuo

A Maia e alla sua piccola

                              28 aprile 2023

Figlia, madre,
l'una dentro l'altra
insieme nel respiro di tutta una vita.

«Ballavamo. Passami il phon.»
«In che senso?» col pan grattato nella voce.
«Quella cosa che sputa calore appena la tocchi» dice Eleonora con le unghie prugna che indicano.
«Hai detto "ballavamo". Che vuol dire?»
«Ero incinta.»

Eleonora guarda la figlia – sì, era la figlia – negli occhi, per la prima volta in quella giornata iniziata con una valigia. Chiara si sente come se le fosse caduto in testa un vaso di miele e gli occhi si fanno molli. Chissà se per quel vaso rotto o perché in quella foto può esserci lei. Ma senza frangia. È incinta. Come la sua mamma scalza.

L'incoscienza, deve esserci una dose di incoscienza per accettarla. Una vita. Perché poi quella cambia e, quando si sceglie, qualcosa viene sempre meno. E che bello. E che paura.

Chiara ci pensa e sta. Come dentro una matriosca.
Lei e la madre. Per la prima volta, come due matriosche. L'una dentro l'altra.
Tutta la vita di Eleonora in quel trolley.
Gioie.
Portagioie.
Una trousse.

«Anche io» esce a Chiara insieme al respiro di un arpeggio.

L'assenza

> 22 giugno 2023
> **A Nonno Lino**

L'assenza resta dentro,
senza avvisarti sopravvive come una voragine
a dispetto del tempo
e pesa per ciò che tra noi non è stato detto.

ce che non deva telefonarti. Non appena decidevo che avevi ragione lei, subito compariva nella mia mente una voce contraria. Cosa ti sarebbe successo, mi chiedevo, se al momento di aprire la porta, invece di trovare me e Buck festanti, avessi trovato la casa vuota, disabitata da tempo? Esiste qualcosa di più terribile di un ritorno che non riesce a compiersi? Se ti avesse raggiunto laggiù un telegramma con la notizia della mia scomparsa, non avresti forse pensato a una specie di tradimento? A un dispetto? Visto che negli ultimi mesi eri stata molto sgarbata con me, io ti punivo andandomene senza avvisarti. Questo non sarebbe stato un boomerang ma una voragine, credo che sia quasi impossibile sopravvivere a una cosa del genere. Ciò che dovevi dire alla persona cara resta per sempre dentro di te, lei è là sotto terra, e non puoi più guardarla negli occhi, abbracciarla, dirle quello che non le avevi ancora detto.

I giorni passavano e non prendevo nessun tipo di decisione. Poi questa mattina, il suggerimento della rosa. Scrivile una lettera, un piccolo diario dei tuoi giorni che continui a tenerle compagnia. Detto fatto, eccomi qua, in cucina, con un tuo vecchio quaderno davanti a mordicchiare la penna come un bambino in difficoltà con i compiti. Un testamento? Non proprio, piuttosto qualcosa che ti segua negli anni, qualcosa che potrai leggere ogni volta che sentirai il bisogno di avermi vicina. Non temere, non voglio pontificare né rattristarti, soltanto chiacchierare un po' con l'intimità che ci legava una volta e che, negli ultimi anni, abbiamo perso. Per avere a lungo vissuto e aver lasciato dietro di me tante persone, so ormai che i morti pesano non tanto per l'assenza, quanto per ciò che tra loro e noi, non è stato detto.

Vedi, io mi sono trovata a farti da madre già in là negli anni, nell'età in cui di solito si è soltanto nonni.

101

7 novembre 2022

Tra le ombre,
in uno spiraglio di luce,
esiste il segreto del ciclo delle vite.

che nella testa dell'uomo ci siano sempre più (ombre)
(luce). Nel libro che avevo comprato quella s...
que c'era anche scritto che i bambini ch...
...esse sono molto più frequenti in Ind...
...paesi (in) cui il concerto stesso è tr...
...ettato. Non stento proprio a crede...
un giorno io fossi andata da mia...
preavviso avessi cominciato a parlare in...
oppure le avessi detto: «Non ti sopporto, stav...
meglio con la mia mamma nell'altra vita». Puoi sta...
sicura che non avrebbe aspettato neanche un giorno per
rinchiudermi in una casa per lunatici.
(Esiste) uno spiraglio) per liberarsi dal destino ch...
impone l'ambiente di origine, da ciò che i tuoi avi ti
hanno tramandato per la via del sangue? Chissà. Forse
nel susse... claustrofobico delle ... a un cer-
to pun... qualcuno riesce a intravedere... gradino un
po' più alto e con tutte le sue forze cerca di arrivarci.
S...ezzare un anello, far entrare nella stanza aria diver-
sa, è questo, credo, (il minuscolo) segreto del ciclo delle
(vite). Minuscolo ma faticosissimo, pauroso per la sua in-
certezza.

Mia madre si è sposata a sedici anni, a diciasette
mi ha partorito. In tutta la mia infanzia, a... in t...
la mia vita, non le ho mai visto fare un sol...
...so. Il suo matrimonio non era stato d'...
no l'aveva costretta, era costretta da...
di ogni altra cosa, lei, ricca ma ebrea...
...rti a, ambiva a possedere un titolo... «Mio pa-
dre, più anziano (di) lei, barone e ... la inva-
ghito delle sue doti di cantante. ...occorso
Però... che il buon nome richiedeva ...to in
m... ...betti e ripr... fino alla fin... giorni.
Mia ... ... mio... ...tra u... ra... ...enza

fui

ℛ

103

30 ottobre 2022

In silenzio,
con la nostalgia al mio fianco,
scavo tra i ricordi felici
e incamminandomi sorridendo,
torno a casa.

in silenzio. la
al mio fianco
felici
a e incammi-
nandomi con
scavo tra i
ricordi sorridendo
torno,
nostalgia di casa

PER SEMPRE

10 settembre 2023
A Nonno Lino

Rimani con me,
questa volta non lasciarmi,
raccontami il sole quando la strada si fa buia
ed io tornerò a casa da te con gli occhi chiusi,
cavalcando il dolore.

«Non lasciarmi Raccontami *La strada infinita* tornare a casa sempre più buia, il sole dolore cavalcavo rimani con me chiuse gli occhi questa volta

Invecchiare

2 aprile 2023

Nuances diverse,
tu ed io seduti accanto,
è stato proprio bello! Amore!

[...] ve [...] ori [...] co [...] tro Giancarlo
[...] Tu [...] anto lui l'a-
[...]

La [...] proprio [...] anche [...] li voler invec-
chiare [...] potevo fa [...] anarie.

L[...]nengarda fa l'accogli[...]

Zia Bebè sta al bar, è molto brava [...] panini
fantasiosi con creme variopi[...] per c[...]

Carmela ci aiuta con [...] afié.

Giocastra si occupa del[...]

E[...] siede alla cassa, con Vilma. Una conta l'a[...]

Le Supreme, alla fine, erano tutte in prima fila e urlo-
vano "BraFò", come si fa all'Opera con una "fi[...] al po[...]
della "ò", sbigottendo un poco tutti.

Ed Vara, il marito di Eleonora era con Asia, il suo amo-
re, stavano seduti accanto alla zia. Tutti e tre indossavano
lo stesso caftano. Solo in nuances diverse. E discendent[...]

Angelo stava in piedi, agitato e fe[...]ce, faceva accomo-
dare tutti, accompagnandoli alle sed[...]ie, come fosse il
salotto del Voilà.

Federico ed Eleonora stavano in fondo.
A dondolare.
È stato proprio bello.
Una rivisitazione del Piccolo Principe coi fiocchi.
Nella scena finale MaraElena ha persino cantato sul

A Nonna Anna

15 maggio 2023

Quel mattino
ho capito l'importanza
di cucire il pianto sul bordo del cuore
sedendomi ai suoi piedi.

La segreteria telefonica lampeggiava. Il cuore di Stella batteva forte. Poteva essere la polizia. Sicuramente volevano sapere perché fosse mancata all'appuntamento alla stazione di SoHo. Quel mattino aveva perso anche un'altra audizione. La sua agente le aveva dato un'ultima possibilità, un'audizione serale, molto ristretta. Questa volta sarebbero state solo quattro concorrenti. E non aveva niente da mettersi.

Il contenuto degli armadi era sparpagliato dappertutto, inutilizzabile: quei vestiti non le rendevano giustizia. Avrebbe fallito di nuovo. Prima della fine della giornata si sarebbe trovata senza prospettive, senza un agente, senza uno scopo. Si sedette sul bordo del divano, fissando il soffitto.

La giacca nuova era lì, a suoi piedi. Aveva scoperto la "X" in metropolitana, quando si era tolta la giacca per cucire il bottone. Aveva pianto, gli occhi le bruciavano ancora. I soldi dell'affitto se n'erano andati, e non avrebbe potuto chiederne altri. Sua madre e la nonna non avrebbero mai capito l'importanza di un vestito azzurro chiaro.

Non poteva tornare a casa, ma ne sentiva la man-

111

4 agosto 2023

Ascolto il battito (delle) generazioni
dentro di me
e finalmente vivo,
senza paura,
il mondo.

generazioni di

Dentro il e

finalmente vivo ascolto

per la prima volta

paura

senza

mondo

In memoria di Daria

24 agosto 2023

Aspetta, rallenta,
vuole rimanere sino alla fine,
come se avesse qualcosa ancora da dire…
quell'ultima lacrima mia.

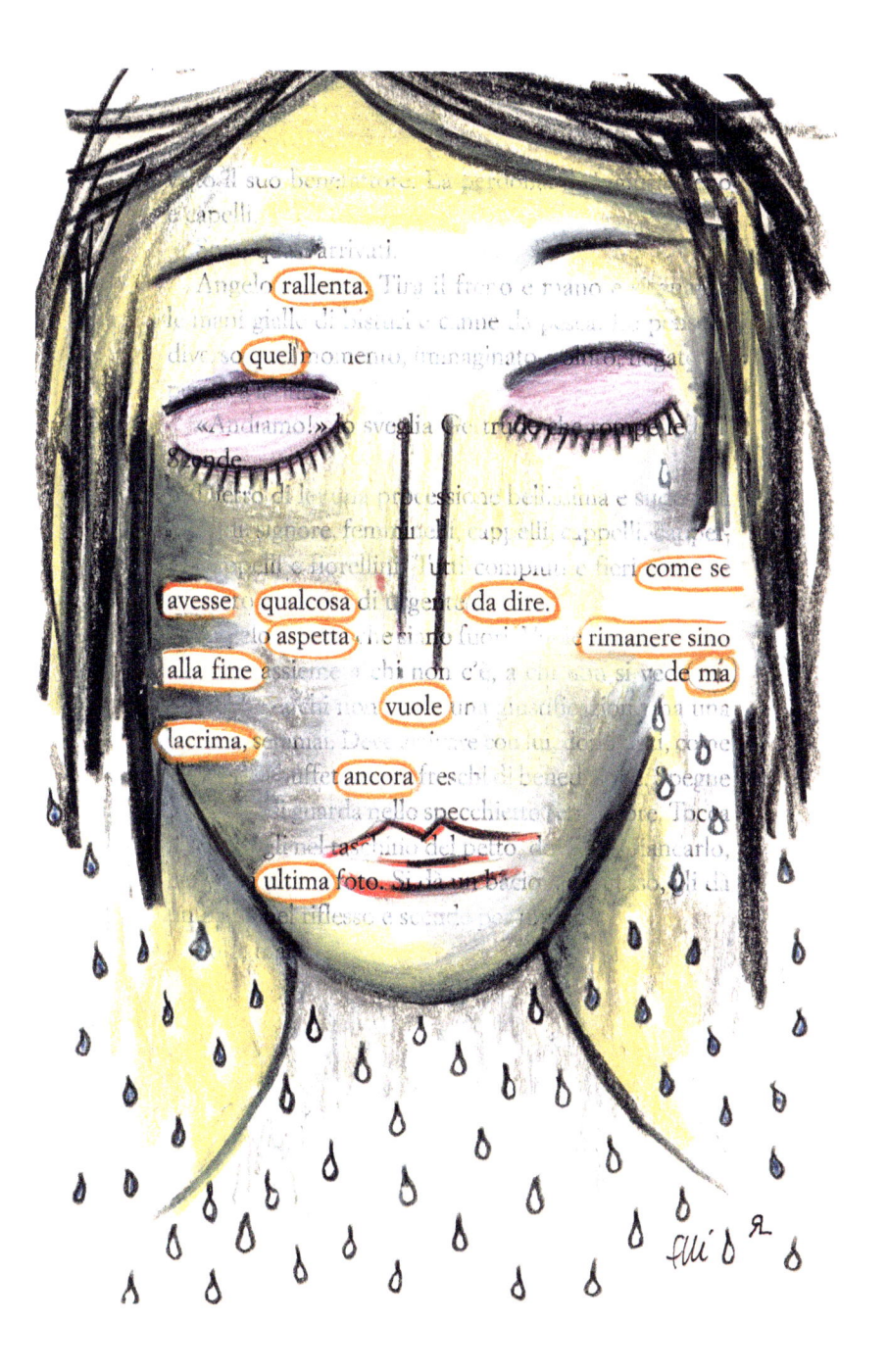

rallenta. quello avesse qualcosa da dire. come se aspetta rimanere sino alla fine vuole lacrima, ancora ultima foto.

27 luglio 2023

Tra un boccone e l'altro di realtà,
gioco a stento ad accogliere
il profumo della nostalgia.

il
gioco,
Stento a
realtà
di
profumo
accogliere
Ad
nostalgia della
tra un boccone
e l'altro.

6 aprile 2023

Sul viso trovò tutta la sua vita.

tanto che, a un tratto, con una brusca sterzata accostò la macchina al marciapiede e si fermò in uno di quei drugstore che sono aperti tutta la notte. Non era necessario che Steven ne sapesse niente. Non era necessario parlargliene. Era lei che voleva sapere, se non proprio quella sera, al più presto. Se avesse acquistato il necessario per il test, avrebbe potuto farlo non appena le fosse venuto un po' di coraggio. Magari mentre Steven era a Chicago.

Acquistò la confezione e chiese al commesso di metterla in un sacchetto di carta che infilò in fondo alla borsa; poi risalì a bordo della Porsche e tornò a casa.

Trovò Steven già a letto, mezzo addormentato ma con un'espressione di estatica felicità sul viso. Ormai non aveva più dubbi: presto sarebbe partito per Chicago e laggiù avrebbe concluso l'affare più clamoroso di tutta la sua vita.

26 dicembre 2022

Alla mia età
ho ancora il desiderio di restare senza fiato:
il bisogno (eterno) di meraviglia.

ho

bisogno di

il

desideri

«Alla tua **età** di
meraviglie ancora

mi restavo senza fiato, di

il

della mia

fui

Ringraziamenti

Ringraziamo l'Universo per averci fatte incontrare, dandoci la possibilità di camminare insieme lungo questa bellissima avventura chiamata "vita".

Ringraziamo le nostre famiglie per il supporto e l'amore dimostrato durante questi mesi di euforica creatività.

Ringraziamo Angela per aver visionato le nostre opere e aver abbracciato questo progetto fin dall'inizio.

Ringraziamo Tina Festa senza la quale niente di tutto ciò sarebbe stato possibile, per la generosità con cui ha donato a tutti noi il metodo da lei creato.

Ringraziamo tutti i partecipanti ai nostri corsi e workshop per la delicatezza con cui si mettono in gioco durante gli incontri, grazie ai quali abbiamo avuto la possibilità di crescere e migliorare a livello professionale e personale.

Per finire ringraziamo te che hai incontrato questo libro, con l'augurio che anche la tua anima possa riconoscersi in alcune di queste poesie visive.

Biografie

LETIZIA RIVOLTA vive tra Italia e Brasile. Si laurea in Servizio Sociale a Milano, dove lavora in ambiti di assistenza e formazione per alcuni anni. Ad oggi esercita la professione di terapeuta sistemica relazionale e lavora con famiglie e coppie in territorio brasiliano. Crea e somministra corsi di crescita personale e creatività seguendo diversi metodi e tecniche, sia in italiano sia in portoghese.
"I mille volti di un'anima" è il suo secondo libro, il primo è un albo illustrato "Pepita" edito in Brasile.

SIMONA FORNAROLI è nata a Torino, laureata in pittura all'Accademia di Belle Arti di Brera, realizza dipinti, illustrazioni ed opere in ceramica. Da anni lavora nella relazione di aiuto presso strutture private dopo aver conseguito la laurea in Scienze dell'Educazione ed una specializzazione in Arteterapia. Propone corsi creativi e di crescita personale online e in presenza.

Printed in Great Britain
by Amazon